amorhumorumor

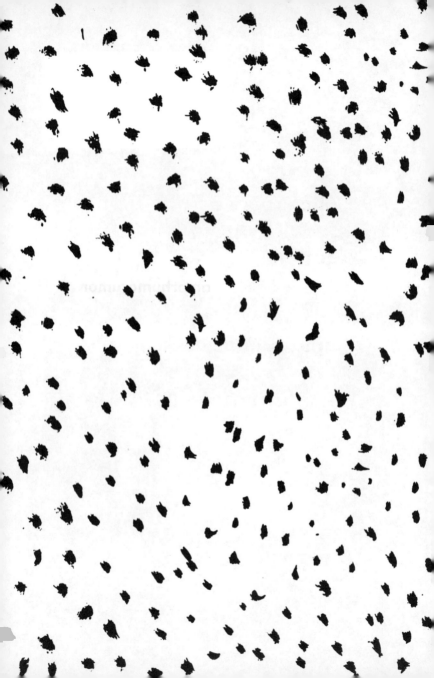

poesia de bolso

alice ruiz s e rodolfo witzig guttilla

amorhumorumor
haikai & senryu

COMPANHIA DAS LETRAS

Copyright © 2020 by Alice Ruiz S e Rodolfo Witzig Guttilla

Grafia atualizada segundo o Acordo Ortográfico da Língua Portuguesa de 1990, que entrou em vigor no Brasil em 2009.

Capa e projeto gráfico
Elisa von Randow

Preparação
Heloisa Jahn

Revisão
Jane Pessoa
Ana Maria Barbosa

Dados Internacionais de Catalogação na Publicação (CIP)
(Câmara Brasileira do Livro, SP, Brasil)

S, Alice Ruiz
    Amorhumorumor : haikai & senryu / Alice Ruiz S, Ro-
dolfo Witzig Guttilla. — 1ª ed. — São Paulo : Companhia
das Letras, 2020.

    ISBN 978-85-359-3319-2

    1. Poesia brasileira I. Guttilla, Rodolfo Witzig. II. Título.

20-32952   CDD-B869.1

Índice para catálogo sistemático:
1. Poesia : Literatura brasileira B869.1

Maria Alice Ferreira – Bibliotecária – CRB-8/7964

[2020]
Todos os direitos desta edição reservados à
EDITORA SCHWARCZ S.A.
Rua Bandeira Paulista, 702, cj. 32
04532-002 — São Paulo — SP
Telefone: (11) 3707-3500
www.companhiadasletras.com.br
www.blogdacompanhia.com.br
facebook.com/companhiadasletras
instagram.com/companhiadasletras
twitter.com/cialetras

não sei com você
mas para mim
tem sido um prazer

Alice

estou curtindo
sempre vou
(às vezes rindo)

Rodolfo

sumário

amor... 11

humor.. 29

rumor.. 51

Sobre os autores.. 77

(des)regrados

Muitos afirmam que a poesia não tem utilidade. Uma utilidade de ordem prática, palpável e concreta. Bobagem. Se a poesia não fosse necessária, não teria sobrevivido aos séculos.

A poesia inaugurou a humanidade em um tempo em que a linguagem e a vida andavam a par e passo: a poesia, a música, a dança e outras formas de expressar a vivência humana caminhavam juntas, para nos religar ao "espírito" e a uma dimensão sobre-humana.

Ou, ainda, mais recentemente, para despertar sentimentos, incomodar pensamentos e provocar questionamentos. Dar voz ao movimento do pensamento e do momento. A voz do contemporâneo, que ainda não se expressou, desde sempre.

A poesia tem, também, a função de desafiar a linguagem e propor um outro olhar para as coisas do dia a dia. As coisas presentes, que não capturamos na trajetória cotidiana. Quem sabe sua função não seria, justamente, nos devolver a dimensão do inaudível, do impensável e do intocável, muitas vezes perdida entre deveres e afazeres, entre perdas e ganhos? Viver, e se tudo der certo — ou errado —, seguir a jornada.

Talvez seja tudo isso e algo mais. E esse "algo mais" irá depender do poeta, do verso e de quem o lê: somente o poeta e o leitor irão compreender a grandeza do poema, assimilá-lo e senti-lo. A palavra para definir esse mistério tremendo, se houver, é "poesia".

Como sabemos, a vida não tem regras ou percurso previsível. Com a poesia também é assim: um de seus maiores desafios é quebrar regras, romper com a forma e a sintaxe estabelecidas; ampliar o escopo da língua e criar sentido de pertencimento para uma comunidade de leitores. Para tanto, é preciso que o poeta conheça as regras consagradas e seu ofício, profundamente. Como disse Matsuo Bashô (1644-94), um dos maiores poetas do *haiku*: "Aprenda as regras, assimile-as bem e, depois, livre-se de todas elas".

Assim, nos sentimos muito à vontade para desafiar as regras. E nos livrarmos de algumas delas. São cerca de 120 poemas (incluídos os da abertura e do posfácio), muitos obedecendo e outros tantos desobedecendo às regras consagradas do *haikai* e do *senryu*.

Nesse *pequenogrande* volume, nossa crença na poesia e em seu poder de transformar a realidade cotidiana. Com amor, humor e rumor.

Alice Ruiz S & Rodolfo Witzig Guttilla
2016.2019

amor

nem sempre
um leque abana
às vezes acena

Alice

o leque abana
durante a semana
depois (a)cena

Rodolfo

brisa de maio
será que mereço
as moças que atraio?

Rodolfo

as pessoas variam
as variáveis
desvariam

Alice

ando tão sozinho
cão cheirando
o próprio focinho

Rodolfo

o amor plural só me fez mal
até me ensinar
o amor singular

Alice

nada como um fracasso de amor
para inspirar
uma canção de sucesso

Alice

agora eu sei
fui reino
sem rei

Rodolfo

a palmeira amarela
chegou a hora
de despedir-se dela

Rodolfo

tenho saudade de tudo
mas tudo já foi dito
inclusive isto

Alice

minha avó menina
sorri na foto pra mim
com minha boca

Alice

sou o moço da foto
que há anos me encara
eu não era a minha cara

Rodolfo

da ponta até a raiz
os pelos em pé
pedem bis

Alice

da raiz até a ponta
os pelos em pé
vamos?

Rodolfo

amigos queridos
garrafas de vinho
de novo eu mocinho

Rodolfo

fim de festa
mas no sorriso de todos
ela continua

Alice

fevereiro
parati, marchinha
& cinzeiro

Rodolfo

me avise para onde você vai
para que eu não me perca
de mim

Alice

meninas sem infância
cuidam da infância
de nossas meninas

Rodolfo

como conviver
com a possibilidade de ver
o tamanho da vida?

Alice

sementes voam
caem em toda parte
rua da saudade

Alice

paina ao vento
o travesseiro
já era

Rodolfo

agapanto
quando floresce
floresce tanto...

Rodolfo

uma flor no jardim
e toda a casa se perfuma
rainha da noite

Alice

a moreia
florescedesaparece
sem estreia

Rodolfo

flor de aranto
balança ao vento
presa na pedra

Alice

primavera
        sem graça
        sem criança
na praça

Rodolfo

árvore seca
hospeda fungos e bromélias
e volta a florir

Alice

jasmim-café
brancobrancobranco
foi mesmo quando?

Rodolfo

lírios e antúrios
um conta para o outro
o que sabe de cor

Alice

flor-de-maio
acordou em junho
eu testemunho

Alice

2018
até o bambu
anda meio afoito

Rodolfo

humor

oi querida
se um dia me faltar a vida
tudo o que mais faltar é seu

Rodolfo

bravata da viúva
sai de vestido novo
feito de gravatas

Alice

cai o pano
ganhei ou perdi
mais um ano?

Rodolfo

fui embora
mas na estrada só via
placas de retorno

Alice

a vida é um baque
no meio-tempo
o tique-taque

Rodolfo

tocando o sino
o vento simula
si mi lá ré

Alice

casa abandonada
vivendo no segundo andar
pequena árvore

Alice

telhado novo
livre de goteiras
como pinto no ovo

Rodolfo

Deus está presente
no sal, na baba do boi
e em seu estrume quente

Rodolfo

não me venha de religião
que eu vou de Deus
e aí a coisa pega

Alice

no museu
a deusa nua
o velho ateu

Rodolfo

ruína moderna
até seu fantasma
é precoce

Alice

era uma pessoa
tão perdida
que vivia se achando

Alice

na hora H
o plano B
deu M...

Rodolfo

caixa de livros
pula uma perereca
cultíssima

Rodolfo

caixa de bombom
depois de vazia
vira bateria

Alice

três cidades em um dia
e sem nécessaire
isso é que é mulher

Alice

cidade cinza
cinzafinacinza
então, o batom vermelho

Rodolfo

véspera de Natal
silêncio
no galinheiro

Rodolfo

o Ano-Novo passa
o panetone passa
a uva-passa

Alice

noite de São João
havia fogueira
sanfona e balão

Rodolfo

noite de São João
garotos usam colete
garotas decote

Alice

não resisto
e não desisto
só por isso existo

Alice

quem diria
tolero a mim mesmo
há 20 mil dias

Rodolfo

poças d'água
presente de Natal
para os patos

Rodolfo

vamos aos fatos
revoada de patos
não rola no mato

Alice

separado novamente
na geladeira o pão duro
a desafiar os dentes

Rodolfo

e se o que está faltando
é um pensamento torto
para endireitar as coisas?

Alice

desalento
árvore morta
não escuta o vento

Rodolfo

flor de cacto
deu no vaso, deu no mato
é sempre um fato

Alice

etiqueta etílica #1

na festa
bêbado é dose
abstêmio é um porre

Alice

etiqueta etílica #2

nunca peça
o terceiro dry martíni
antes do segundo

Rodolfo

etiqueta etílica #3

cinco drinques
todos os segredos
já eram

Rodolfo

etiqueta etílica #4

prost cheers kanpai
santé salud e por aí vai...
ao fim nem tim-tim

Alice

etiqueta etílica #5

papo mesquinho:
quem pagará a conta
do último uisquinho?

Rodolfo

etiqueta etílica #6

sou ótima
mas quando bebo
você fica muito melhor

Alice & Rodolfo

etiqueta etílica #7

um uísque antes
um cigarro depois
e o Jimmy Durante

Rodolfo & Alice

etiqueta etílica #200

peço licença, ó Baco
só uma semaninha
pra enxugar o baço

Alice & Rodolfo

xi, agora doeu:
quantos não o entendem
como eu?

Alice & Rodolfo

rumor

dança do vento
o perfume invade a sala
imediatamente

Alice

vento de verão
a cortina
ensaia uma dança

Rodolfo

a mesa posta
uma borboleta
— está servida?

Rodolfo

voo rasante
de tantas borboletas
o chão amarela

Alice

céu rosa
a noite chega
toda menina

Alice

pequeno templo
sob a cadeira
a gata

Rodolfo

quero o poema novo
disse ela à garoa
que a molhava numa boa

Alice

as pedras
tão quietinhas
e então, a chuva

Rodolfo

muezim
sinos e cigarras
hora da prece

Rodolfo (em Istambul)

outro país
outras paisagens
mas a língua é mãe

Alice (em Lisboa)

preto e branco
enche o dia de cor
pássaro da Bahia

Alice

tarde de sol
lençol branquinho
cagada de passarinho

Rodolfo

um dia de espera
chove na lua cheia
a noite já era

Alice

sob o flamboyant
a formiga celebra
o sol da manhã

Rodolfo

faíscas de fogo
voam até a luz
lua em brasa

Alice

chuva de maio
poucos ninhos
ficarei sozinho?

Rodolfo

cores de sonho
das flores até a montanha
um caleidoscópio

Alice

palmeira na janela
tudo por detrás
é dela

Rodolfo

única sombra
moscas e lagartixas
hora do almoço

Alice

velho açude
água nos olhos
da libélula

Rodolfo

mesmo semicheia
a lua de lá
deu tudo de si

Alice

solidão
noite sem lua
uivo sem cão

Rodolfo

fui quem fui
fui eu mesmo
quem mesmo fui?

Rodolfo

nem sempre
pareço comigo
às vezes consigo

Alice

me deixou sem fala
ao fazer suas
as minhas palavras

Alice

nunca fui dada
a exclamações
exclamei envaidecida

Alice

primeira cigarra
celebrando a primavera
com banda & fanfarra

Rodolfo

o gato   o inseto
o gato   o inseto
o gato

Rodolfo

só os afins
justificam
os e-mails

Alice

mas se você não liga
eu nem ligo
eu nem te ligo

Alice

sal no cocho
pra que tanta pressa?
muge o boi coxo

Rodolfo

delicadamente
o vaga-lume pousou
no estrume quente

Rodolfo

despedida do sol
mesmo entre nuvens
o mar ruboriza

Alice

no breu do mar
uma estrela acende
barco solitário

Alice

nas tardes quentes
as cigarras e o açude
ficam mais eloquentes

Rodolfo

no inverno
o ladrão do açude
gagueja

Rodolfo

todos los colores
en la orilla del rio
flores de verano

Alice

hojas que vuelan
el sonido del viento
adentra mis sueños

Alice

man
manhattan
an t

Rodolfo

old weir
the sound
of silence

Rodolfo

3 pimentas para Alice

sorriso contido
aquela pimenta
acabou comigo

pimentapimenta
soluçosoluço
águaágua

essa pimenta
libélulalibelinha
na garganta

Rodolfo

3 licores para Rodolfo

leitoso com gelo
jeitoso "con la mosca"
mas longe do (que) absinto

duas laranjas
voltam a se encontrar
Cointreau e Curaçau

sabor cítrico
saberes mágicos
Strega crítico

Alice

posfácio

o riso cintila
no poema mínimo
de Rodolfo Guttilla

Alice

quando leio Alice Ruiz
raspo o prato, chupo o dedo
e peço bis

Rodolfo

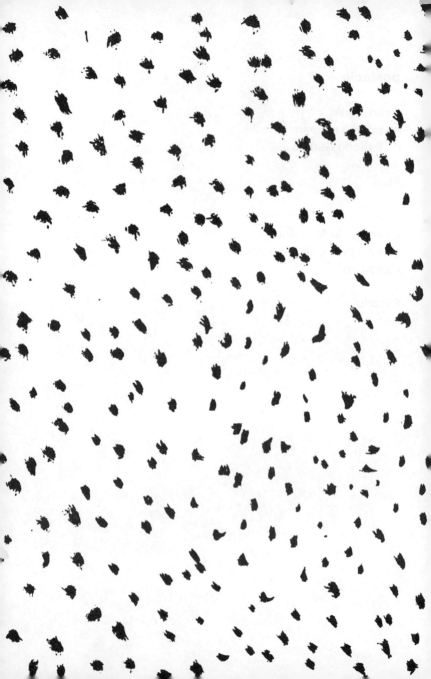

sobre os autores

Alice Ruiz S é poeta e compositora. Ministra palestras e oficinas de *haikai* no Brasil desde 1990. Tem mais de vinte títulos publicados, entre poesia, traduções e infantis, além de ter participado de antologias no Brasil, no México, na Argentina, na Espanha, na Irlanda, na Bélgica e nos Estados Unidos. Recebeu o prêmio Jabuti pelos livros de poemas *Vice-verso* (1988) e *Dois em um* (2008). Como compositora, tem parcerias com Arnaldo Antunes, Chico César, Itamar Assumpção, José Miguel Wisnik, Luiz Tatit, Ná Ozzetti, Waltel Branco, Zeca Baleiro e Zélia Duncan, entre outros. Sua obra foi gravada por nomes como Gal Costa, Cássia Eller e Adriana Calcanhotto. Com Alzira Espíndola, lançou o CD de música e poesia *Paralelas* (Duncan Discos). Suas letras foram gravadas em 2007 por Rogéria Holtz no álbum *No País de Alice*.

Rodolfo Witzig Guttilla nasceu em São Paulo, em 1962. Participou das antologias de poesia *Sopa de letras* (1984), *100 haicaístas brasileiros* (1990), *Roteiro da poesia brasileira: Anos 80* (2010) e *Transpassar: Poética do movimento pelas ruas de São Paulo* (2016), entre outras. Publicou os volumes de poemas *apenas* (1986) e *Uns & outros poemas* (2005) e o de ensaios *A casa do santo & o santo de casa* (2006). Pela Companhia das Letras, lançou *Ai! Que preguiça!...* (2015) e organizou as antologias *Boa companhia: Haicai* (2009) e *Haicais tropicais* (2018).

TIPOGRAFIA Wigrum

DIAGRAMAÇÃO acomte

PAPEL Pólen Bold, Suzano S.A.

IMPRESSÃO Gráfica Bartira, março de 2020

A marca FSC® é a garantia de que a madeira utilizada na fabricação do papel deste livro provém de florestas que foram gerenciadas de maneira ambientalmente correta, socialmente justa e economicamente viável, além de outras fontes de origem controlada.